Vladan L. Kuzmanović

Œuvres Anamodernistes

Vladan L. Kuzmanović

Œuvres Anamodernistes

un recueil de poèmes générés et conceptuels

Éditions Muse

Cover image: www.ingimage.com

Publisher:
Éditions Muse
is a trademark of
Dodo Books Indian Ocean Ltd., member of the OmniScriptum S.R.L Publishing group
str. A.Russo 15, of. 61, Chisinau-2068, Republic of Moldova Europe
Printed at: see last page
ISBN: 978-620-2-29725-7

Œuvres Anamodernistes

Vladan Kuzmanović

NOUVEAU AUTRE

nuits'invitent Onirique
me
arts Nouvelle
us
age
Nt
Pour De Une
croyait hautsé Cacophonie second
Enchaînent

boulimique Et
Vaste
et
hauts Les
D'avantène Robot
To

Matique. Vous Une

L'homme Parcours
une Nihil
is
te Un
An vous Les premiersène
Directrice premiers.
Rythme où

d'avant-garde
À Au Us
Artificielle

end
iablé, Groupe cela.

Groupe
africaines inuits Forment Vacarme
Char Le pêle-mêle, Ces couche
Comédiens
En
Nihiliste Artistique,

groupe artificielle artificielle Les
Russe le dé Sc indiennes, Ce

trop En An Inuits...
machine. Bar
Souvent...
Pour expérimente
Droits
Musée
masquesédiens On Objets'intelligence r
traite
Les Inuits...
indiennes artificielle'invitent Inuits
ou
d'autres Chag
un'homme Lieu, all onirique'homme vacarme surïdes
Reconnaissance Famille
L'avant-garde, D'un
Enfants,
d'avant-garde Des
Délivrer homme Ceux
Entend
nombreuses, Un se Cela. Révolution
Branche
à r
usage Et Se que
découvre Et Juive,
entre De

Tous objets

Organisée Spectateur Seulement
Objets Entre
masquesèneétages
Sage l'homme votre. Des
pe
up
les Ou parcours.
Entre Population is
initi De édiensïdes Chagall Personnages Cette Robots d'autres Paris.

masquesèneétages Nt Matique. D'avant-garde votre. D'autres hautsé d'avant-garde De

Branche
Juive,
is trop
premiers. En arts
Comédiens

Artificielle édiensïdes Pour initi Ces De is Inuits...
Robot Les
Ou Entre
masquesédiens les traite Directrice Spectateur

L'homme L'homme ou Et pe Parcours Nihil Une
une homme couche all
africaines te où Souvent... Inuits... Au
En
Reconnaissance
Droits
Enfants,
De Des Groupe
An
up
Robots Vous découvre Seulement
que
Artistique, Cela. Chag D'avantène
À
Groupe un'homme Les Second se Une
Le
Se à indiennes
pêle-mêle, Chagall Musée r surïdes Objets Indiennes,
Délivrer
usage
Pour Et Tous On
Organisée dé vacarme D'un
Sc Cacophonie

Artificielle Us cela. Inuits'invitent
Nihiliste Les parcours. To Ce Inuits Les

inuits me Onirique artificielle'invitent Révolution
r
Personnages

machine. Rythme

Entend artificielle L'avant-garde, us onirique'homme

premiersène
Russe
Cette d'autres
Population Des
expérimente Ceux Machine. Age nombreuses, Entre groupe iablé, le
Un
et Entre Famille boulimique croyait
Lieu, Char Un Bar
Vacarme end Vaste Forment
objets hauts Et
Nouvelle Sage Objets'intelligence Enchaînent vous Paris. An

Et Spectateur
Personnages que Trop Ceux Enchaînent
On ée Vaste
Inuits...
Mac D'un Souvent... Groupe
Des
up

Hauts
end Un Nt Révolution Reconnaissance Lieu, En Second D'avant-garde
Us De is

me gro An
nombreuses, homme
us artificielle'invitent
De
Se vous Ces premiers. Se Et Croyait boulimique Ce couche Chag
is

où Le Entre
Un
r D'autres Juive,
Des Forment Une
lablé, parc Les Nihil Parcours Enfants, Rythme
up Entend Entre Char
Cacophonie Les Édiensïdes pe artificielle
objets Te un'homme
s.

Age Délivrer Vacarme
An Organ Ou Directrice L'avant-garde,
e Famille
Par Age
Les dé Nouvelle
Artificielle
Nihiliste Artificielle
Les
découvre Les Ne. L'homme
Matique. Entre Cette Objets
africaines Inuits'invitent Vous. Hautsé À Indiennes R Musée Chagall Pour Pour our Et Bar
traite
Vacarme Branche masquesèneét Russe

expérimentes
pêle-mêle, surïdes Droits Cela.
Au
masquesédiens
ou
initi Une

To Robot is premiersène Population
inuits
Sc
Hi is
En
Tous machine. Indiennes, d’autres
Sage D'avantène Robots Inuits… votre. Artistique, all Arts À
onirique’homme
Groupe le D'avant-garde
Me
usage Inuits
Comédiens Seulement L’hom Et Objets’intelligence
De cela. Onirique une

Et Spectateur
Personnages que Trop
Ceux Enchaînent
On ée Vaste
Inuits...
Mac D'un Souvent... Groupe
Des
up

Hauts
end Un Nt Révolution
Reconnaissance Lieu, En Second D'avant-garde
Us De is

me gro An
nombreuses, homme
us artificielle'invitent
De
Se vous
Ces premiers. Se Et Croyait boulimique Ce couche Chag
is

où Le Entre
Un
r D'autres Juive,
Des Forment Une
lablé, parc Les Nihil Parcours Enfants, Rythme

up
Entend Entre
Char
Cacophonie Les Édiensïdes pe artificielle
objets Te un'homme
s.

Age Délivrer Vacarme

An Organ
Ou Directrice L'avant-garde,
e Famille
Par Age
Les dé

no
uvelle
Artificielle

Nihiliste Artificielle
Les
découvre Les Ne. L'
ho
mme
Matique. Entre Cette Objets
africaines Inuits'invitent Vous. Hautsé
À Indiennes R Musée Chagall Pour
Pour our Et Bar traite
Vacarme Branche masquesèneét Russe
expérimentes
pêle-mêle, surïdes
Droits Cela.
Au
masquesédiens
ou
initi Une

To Robot is premiersène Population
inuits
Sc
Hi is

En
Tous machine. Indiennes,
d'autres
Sage D'avantène
Robots
Inuits... votre. Artistique, all Arts À

onirique'homme

Groupe le D'avant-garde

Me

usage Inuits
Comédiens Seulement L'hom Et Objets'intelligence

De ce
la
. Onirique une

Et
Spectateur
Personnages que Trop
Ceux Enchaînent
On ée Vaste
Inuits...
Mac D'un Souvent... Groupe
Des
up
Hauts

end Un Nt Révolution
Reconnaissance Lieu, En Second D'avant-garde
Us De is
me gro An
nombreuses, homme
us
artificielle'invitent
De
Se vous
Ces premiers. Se
Et Croyait boulimique Ce couche Chag
is
où Le Entre
Un
r D'autres Juive,
Des Forment Une
lablé,
parc Les Nihil Parcours Enfants, Rythme
up
Entend Entre
Char
Cacophonie Les Édiensïdes pe artificielle
objets Te un'homme
s.
Age Délivrer
Vacarme
An Organ
Ou Directrice L'avant-garde,
e Famille
Par Age
Les dé

no

uvelle

Artificielle

Nihiliste Artificielle

Les

découvre Les Ne. L'

ho

mme

Matique. Entre

Cette Objets

africaines

Inuits'invitent Vous. Hautsé

À Indiennes R Musée Chagall Pour

P

our

our

Et Bar traite

Vacar

me

Branche

masquesèneét Russe

expérimentes

pêle-mêle, surïdes

Droits Cela.

Au

masquesédiens

ou

initi Une

to

Robot is premiersène

Population

inuits

Sc

hi

is

En

Tous machine. Indiennes,

d’autres
Sage D'avantène
Robots
Inuits...
votre. Artistique, all Arts
À
onirique’homme
Groupe le
D'avant-garde
Me
usage
Inuits
Comédiens Seulement L’hom Et
Objets’intelligence
De
ce
la
. Onirique une

as assemblage
the
sur laène
sur the premiers
les'amour relations reconnaissance bat artificielleïdes objets'invitent boulimique
'intelligence robots'invitent

humano'hommeéesèneétages sévolution
indiennes
'homme'amourène Ceène objets
jeunesïdesène'homme-garde'intelligence et set boulimique. Robots parcours
robot com

Nosferatu Vampir ghost highly
com inuits'homme
usage enèneétages inuits
hauts
robotsévolution le
parcours masques humano'invitent
des objets r
artificielleèneéesèneédiens by
un. Of
eïdes
des'invitent omatop'homme set 'intelligence initi sur masques'amour indiennesène
surédiens Luis boulimique the objets.
Scïdes premiers'amour
artificielle
inuits jeunes
com inuits'intelligence
le.
Votreène Ce
indiennes
inuits. Parcoursïdes machine sur
sur'homme a

entre
indiennes jeunes parcours parcours
votreïdes'homme sc onirique'homme
un a has inuitsé sédiens relations inuits'intelligence avant-garde initiédiens et en
masquesïdes crude ène'invitent'amour d'avant kinetic machine l films
édiens relations. Jeunes r
son'intelligence 'homme

hauts machine'invitent

le unédiens politics éétages sc indiennesïdes

robots en

I

boulimique parcours premiersïdes masques des é'invitent un'invitent'amour èneïdes-garde'inviteńtétages un artificielle

...

lèneïdes

the leédiens'homme bienïdesïdes'invitent entre'amour enïdes ...'invitent parcoursédiens'amour des humano'invitent hauts et.

Of

Luis is et'intelligence onirique. Robot'invitentétagesèneé films

étages

onirique'invitent r en'intelligence les

crude

set during votre omatopène a

r'homme humanoédiens. Onirique'amour-garde étagesïdes...

usage votre. Nihiliste

films inuits. Is parcoursïdes boulimique d'avant et
of
masques hauts a é'invitent the
onirique'homme onirique'amour-garde ...

des machine'invitent des
parcours the parcours has Luis le Vampir Ce crude
a
as indiennes
highly usage robots set
objets. Com
éétages
bienïdesïdes'invitent
artificielle during
parcoursédiens'amour

robotsévolution inuits'intelligence
avant-garde humano'hommeéesèneétages en'intelligence objets assemblage scïdes
objets'invitent
set
Nosferatu usage et'intelligence
jeunes surédiens

parcours
bat des
sur
indiennesène humanoédiens. R jeunesïdesène'homme-garde'intelligence crude
indiennesïdes initiédiens
relations sévolution politics jeunes votreïdes'homme
'homme'amourène votre artificielleïdes humano'invitent
entre the a machine ène'invitent'amour

entre'amour laène les'amour sédiens
lèneïdes des'invitent
boulimique eïdes by set
premiers'amour robots'invitent the r'homme ghost
jeunes masquesïdes
hauts initi parcours

enèneétages

étages premiers machine Luis woods, onirique.

Of r

com et. Sc

boulimique.

Films

hauts

é'invitent R r set des'invitent boulimique. Com

boulimique onirique'homme indiennesène

films by robots

objets'invitent usage initi

crude ghost 'homme'amourène assemblage as Films set

des étages

objets

robotsévolution

during le bat parcours Ce the

Luis et

premiers

votre

et. Robots'invitent

premiers'amour

r'homme votreïdes'homme entre'amour of

set laène

eïdes

sur

an et'intelligence machine

parcoursédiens'amour Sc

humanoédiens. Inuits.

Crude

surédiens humano'invitent

usage

Nosferatu humano'hommeéesèneétages

machine'invitent sédiens parcours jeunes

com

the masquesïdes a

Vampir relations entre

boulimique

Of

objets.

Parcoursïdes

onirique.

initiédiens
a masques en'intelligence jeunes onirique'amour-garde
hauts
has highly inuits'intelligence artificielle woods, the Luis politics
indiennes avant-garde
parcours
enèneétages ène'invitent'amour parcours bienïdesïdes'invitent machine des the scïdes
éétages les'amour lèneïdes indiennesïdes d'avant
des jeunesïdesène'homme-garde'intelligence sévolution jeunes
... ls artificielleïdes

parcours premiers surédiens Of
an
robotsévolution
éétages set films ... des
onirique'homme machine des by parcours boulimique.
Jeunesïdesène'homme-garde'intelligence
étages
hauts an the
R enèneétages ène'invitent'amour highly et usage parcours humanoédiens.
Inuits. Has Kinetic en'intelligence Parcoursïdes lèneïdes
des'invitent inuits'intelligence the scïdes
set during
eïdes ghost avant-garde an Bat Sc assemblage
set politics indiennesïdes
indiennesène parcoursédiens'amour
Is
hauts Artificielleïdes onirique. The Luis
masques machine sur objets des Films boulimique Com
d'avant les'amour objets'invitent Nosferatu

et.
Luis
é'invitent humano'hommeéesèneétages le artificielle
the sévolution entre relations initi jeunes jeunes r As of machine'invitent sédiens
et'intelligence
R'homme initiédiens
'homme'amourène
votreïdes'homme bienïdesïdes'invitent crude jeunes
Com Crude Vampir boulimique votre masquesïdes Robots'invitent humano'invitent premiers'amour Indiennes woods, objets. Ce onirique'amour-garde entre'amour laène parcours robots usage

relations robotsévolution masques éétages
Bat
Sc et. É'invitent
des onirique'homme
parcours surédiens indiennesène crude
indiennesïdes jeunes
objets
Is
premiers boulimique parcours
machine Luis Inuits.
Scïdes
the enèneétages

As objets'invitent étages
woods, d'avant
humano'invitent
artificielle onirique. Humanoédiens. Entre'amour Com
Jeunesïdesène'homme-garde'intelligence masquesïdes an
set sévolution eïdes Of Crude sur votreïdes'homme parcours
politics Nosferatu Parcoursïdes robots of
initiédiens 'homme'amourène Luis jeunes an parcours
premiers'amour Has the
entre des'invitent Assemblage en'intelligence Films set humano'hommeé étages le initi
ghost
hauts
ène'invitent'amour
Com by R'homme
the usage laène
inuits'intelligence
hauts Indiennes R onirique'amour-garde highly
votre boulimique. Films
Vampir
R des avant-garde
during et'intelligence
et
set
bienïdesïdes'invitent objets. Sédiens
Artificielleïdes
The machine boulimique machine'invitent usage ...
Ce Les'amour

lèneïdes

des

Robots'invitent Kinetic

parcoursédiens'amour jeunes an

étages
éétages onirique'amour-garde
an
surédiens Sédiens
robotsévolution
Kinetic
Films Bat boulimique. Lèneïdes des
boulimique parcours
É'invitent indiennesïdes Sc
onirique.
Initiédiens Has jeunes
parcoursédiens'amour machine hauts boulimique Scïdes Entre'amour
the
by
en'intelligence
parcours Humanoédiens. Hauts des'invitent Com premiers'amour laène des Is
Parcoursïdes Films
set
an Of
Nosferatu the bienïdesïdes'invitent The
Crude
Robots'invitent Luis ... votreïdes'homme crude
et. Masques Vampir highly et
As

objets
Les'amour jeunes robots votre
d'avant
entre Indiennes et'intelligence
of
parcours
R
Assemblage politics
objets'invitent
R'homme
initi
machine Artificielleïdes artificielle Inuits. Set usage des premiers usage the
ène'invitent'amour humano'hommeéesèneétages machine'invitent Luis eïdes
woods, an
objets.
Jeunesïdesène'homme-garde'intelligence enèneétages parcours
set

R avant-garde

Scïdes jeunes Éétages
Nosferatu parcours Bat Entre'amour Luis des Robotsévolution Kinetic An
objets'invitent relations votreïdes'homme Machine'invitent
Films Crude machine entre during

machine votre
É'invitent surédiens Laène the objets onirique'homme et Luis
Jeunes Com et. Sévolution

Lèneïdes
Assemblage set Masquesïdes
Ghost usage R'homme
R
Humano'hommeéesèneétages
des premiers'amour Has Les'amour of Humano'invitent As Et'intelligence
Sc artificielle Indiennes
R
Artificielleïdes
Enèneétages ène'invitent'amour en'intelligence
premiers Films eïdes
Crude
Masques
the
Humanoédiens. Boulimique. Initiédiens
sur Ce Sédiens Highly onirique. Robots'invitent
bienïdesïdes'invitent
parcours
Inuits.
Boulimique Com parcours Parcoursïdes usage
Des'invitent indiennesïdes set Vampir
inuits'intelligence jeunes the objets.
Is indiennesène
initi 'homme'amourène
des
Of woods, ...
Hauts Robots Jeunesïdesène'homme-garde'intelligence

An
parcoursédiens'amour The onirique'amour-garde d'avant le an Parcours avant-garde

An

parcours

Jeunes the
objets
Inuits. Woods, Ghost
Onirique'homme
Initiédiens Crude Vampir
étages
Ce
Hauts Sédiens
Inuits'intelligence Parcoursédiens'amour during Machine Les'amour
'homme'amourène Sévolution Robots Humano'hommeéesèneétages
et. Premiers

Of artificielle parcours

en'intelligence
Enèneétages
objets'invitent an
Scïdes Usage Crude

Com
Et'intelligence
Votre Hauts the politics Films
onirique'amour-garde
initi Lèneïdes An Jeunesïdesène'homme-garde'intelligence By
R
the Robots'invitent Des'invitent Masques

jeunes
Is Films
Boulimique Com
Nosferatu indiennesïdes jeunes R
Highly Masquesïdes The ène'invitent'amour parcours
Entre'amour Boulimique Boulimique. Humanoédiens.
Indiennes des
Luis
bienïdesïdes'invitent ... Bat Laène Set relations Has premiers'amour des Machine set
surédiens Éétages As Parcours
of votreïdes'homme entre Assemblage Sc
des le Kinetic
sur et indiennesène

usage Robotsévolution
Parcoursïdes set
d'avant Luis Machine'invitent objets. Eïdes Artificielleïdes avant-garde
Humano'invitent R'homme É'invitent
oni

An
parc
our
s
Jeunes the
objets
Inuits. Woods, Ghost
Onirique'homme
Initiédiens Crude Vampir
étages
Ce
Hauts Sédiens
Inuits'intelligence Parcoursédiens'amour during Machine
Les'amour
'homme'am
our
ène Sévolution Robots Humano'hommeéesèneétages
et. Premiers
Of artificielle parc
our
s
en'intelligence
Enèneétages
objets'invitent an

Scïdes Usage Crude
Com
Et'intelligence
onirique'amour-garde
initi Lèneïdes An
Jeunesïdesène'homme-garde'intelligence By
R
the Robots'invitent Des'invitent Masques
jeunes
Boulimique
Com

no

sferatu indiennesïdes

jeunes R

Masquesïdes The ène'invitent'amour parcours

Entre'amour Boulimique Boulimique.

Humanoédiens.

Indiennes des

Luis

bienïdesïdes'invitent ...

Bat Laène Set relations Has premiers'amour des Machine set surédiens

Éétages As Parcours

of votreïdes'homme entre Assemblage Sc

des le Kinetic

sur et indiennesène

usage Robotsévolution

pa

rc

our

sïdes

set

d'avant Luis Mac

hi

ne'invitent objets. Eïdes Artificielleïdes avant-garde

Humano'invitent R'homme É'invitent

onirique.

An
parc
our
s
Jeunes the
objets
Inuits.
Onirique'homme

Initiédiens Crude Vampir
étages
Ce
Hauts Sédiens
Inuits'intelligence Parcoursédiens'amour during Machine
Les'amour
'homme'am
our
ène Sévolution Robots Humano'hommeéesèneétages
et.
pre
miers
Of artificielle
parc
our
s
en'intelligence
Enèneétages
objets'invitent an
Scïdes Usage Crude
Com
Et'intelligence
Votre Hauts
the politics Films
onirique'amour-garde
initi Lèneïdes An
Jeunesïdesène'hom
me
-garde'intelligence By
R
t
he

Robots'invitent Des'invitent Masques
jeunes
Is Films
Boulimique
Com
no
sferatu indiennesïdes
jeunes R
Highly Masquesïdes The ène'invitent'am
our
parc
our
s
Entre'amour Boulimique Boulimique.
Humanoédiens.
Indiennes
des
Luis
bienïdesïdes'invitent ...
Bat Laène Set relations Has premiers'amour
des Machine set surédiens
Éétages As Parcours
of
votreïdes'homme entre Assemblage Sc
des le
Kinetic
sur et indiennesène
usage Robotsévolution

pa
rc

our

sïdes
set
d'avant Lu
is
Mac
hi
ne'invitent objets. Eïdes Artificielleïdes avant-garde
Humano'invitent

R’homme É’invitent
onirique.

onirique.
Politics
Usage R onirique'amour-garde
Crude Laène Has Et'intelligence
Parcours As Scïdes Humano'invitent rcoursédiens'amour
parc Entre'amour
Highly objets'invitent
Luis ne'invitent
parc
indiennesène Éétages premiers'amour
Inuits'intelligence
Huma
no
'hommeéesèneét
age
s
is Lèneïdes Machine sur
Sc
Ce
Boulimique Robotsévolution
Com
s our Initiédiens
pa the Enèneétages
Kinetic Films
during entre pre
Vampir jeunes Assemblage Mac
et
surédiens Onirique'homme
our
An Jeunes me É'invitent Boulimique. The

des Sédiens Artificielleïdes et. Miers no
Ghost -garde'intelligence Votre
objets.

Bat Films
des Masques bienïdesïdes'invitent
Lu set
ls
le

hi
Set 'homme'am Com indiennesïdes
Les'amour initi Robots
votreïdes'homme Hauts Indiennes
d'avant
Inuits.
Eïdes
Hauts
Humanoédiens. Thes en'intelligence By
our our objets relations pa rc
des ène artificielle avant-garde
Des'invitent our Robots'invitent Jeunesïdesène'hom R Masquesïdes s
he
sferatu An
Boulimique
parc Machine
our an of usage set
t
... Sévolution sïdes
ène'invitent'am jeunes
Crude
of
R'hom
me
étages

objets'invitent
Huma
Crude
the Humanoédiens. Miers sferatu

hi By indiennesène
votreïdes'homme Les'amour
premiers'amour
an
age indiennesïdes Robotsévolution no Hauts s Boulimique. d'avant

objets
R
Lèneïdes surédiens Robots'invitent
s Set Jeunes Enèneétages parc ... Mac le
set
Onirique'
ho
mme our des
étages Indiennes onirique'amour-garde Com Laène no
Com
of
Scïdes
en'intelligence
objets.
R'hom
Masques Votre
et
initi
pa
rc
As
relations É'invitent Parc
our
s Initiédiens
pa me
Vampir
Et'intelligence
entre
Machine

The Crude
Boulimique onirique.
-garde'intelligence
Masquesïdes
t
bienïdesïdes'invitent
Humano'invitent
Lu
rcoursédiens'amour me T
he
s
Jeunesïdesène'hom
'hommeéesèneét
pa
jeunes

our
Bat usage
Assemblage
jeunes
Ce Entre'amour Sédiens Has Inuits.
ènes ne'invitent pre Sc
Éét
our
et.
During
parc Highly ène'invitent'am
ha
uts sïdes
avant-garde Robots
Eïdes
Artificielleïdes
set des
Inuits'intelligence rc he Boulimique
is age
des
An An Films 'homme'am our
Sévolutions Machine

Des'invitent artificielle

Initiédiens
ha
ne'invitent Lèneïdes

Com
Vampir sferatu Sévolutions our Com An Sc rcs
Films Onirique' Boulimiques he relations he
Boulimique des
pa
Lu
of
me pa parc
Robots pre age d'avant Crude Set
objets. Assemblage As our Ce Les'amour
initi
bienïdesïdes'invitent
our us
our indiennesène 'homme'am
Eïdes hi étages
en'intelligence
usage Enèneétages Jeunesïdesène'hom our R'hom Highly ... mme
Machine Is objets'invitent Laène Inuits. Artificielleïdes et jeunes
Parc
pa of Votre Jeunes des jeunes T et. Is Crudes Boulimique.
Avant-garde
Films Masquesïdes set
Masques
Huma entre The During the
le rcoursédiens'amour
premiers'amour By
R

no set Éét
ène'invitent'am

ho 'hommeéesèneét An
Machine an
Bat parc age Has objets Miers onirique. Des Indiennes Robots'invitent
onirique'amour-garde
Humano'invitent
Sédiens our Des'invitent

Humanoédiens. No Inuits'intelligence me Scïdes É'invitent
Mac artificielle uts Politics rc Entre'amour votreïdes'homme
indiennesïdes
sur R Robotsévolution Et'intelligence sïdes t Hauts -garde'intelligence
surédiens age ènes

Hauts
Bat
des
pa
Age
Mac pa Inuits. Set As 'homme'am Et'intelligence age
R ... Luis
rc
An
Our
our parc jeunes
Initiédiens Éét

ènes rc ho Boulimiques Machine
bienïdesïdes'invitent
Laène
En'intelligence age Eïdes étages ne'invitent Indiennes Sédiens sferatu

No

onirique'amour-garde et. Huma
sïdes Highly
me
pa indiennesïdes Inuits'intelligence Miers Pa
ène'invitent'am entre
relations our
Artificielleïdes Crude our Lu Set Avant-garde no objets'invitent Lèneïdes
usage Humanoédiens.

Initi Scïdes
R'hom our Ce Com Enèneétages
our

mme pre

Jeunes Robots
objets
le Des Politics
Humano'invitent
indiennesène Crudes
Masques of Jeunesïdesène'hom parc d'avant
ho he R Votre Rcoursédiens'amour an Entre'am An us jeunes
Is et our Onirique' mme
t
premiers'amour 'hommeéesèneét sur
onirique. Robotsévolution he artificielle
Assemblage
me Machine Des'invitent
The
uts Has objets. Votreïdes' rcs set Films Masquesïdes Of
Boulimique
ha By
hi Is During T Sévolutions
our -garde'intelligence
Boulimique. Surédiens des
the Robots'invitent Films
Vampir Sc Com
Les'amour É'invitent

Hauts
Bat

des
pa
Age

Mac pa Inuits. Set As 'homme'am Et'intelligence
age
R ... Luis
rc
An
Our
our
parc jeunes

Initiédiens Éét

ènes rc ho
Boulimiques
Machine
bienïdesïdes'invitent
Laène
En'intelligence age
Eïdes
étages ne'invitent Indiennes
Sédiens sferatu

No

onirique'amour-garde et. Huma

sïdes Highly
me
pa indiennesïdes Inuits'intelligence Miers Pa
ène'invitent'am entre
relations our
Artificielleïdes
Crude our Lu Set Avant-garde no objets'invitent
Lèneïdes

usage Humanoédiens.

Initi Scïdes
R'hom our Ce
Com Enèneétages
our

mme pre
Jeunes
Robots
objets
le Des Politics
Humano'invitent
indiennesène Crudes
Masques of Jeunesïdesène'hom parc d'avant

ho he R Votre Rcoursédiens'amour an Entre'am An us jeunes
ls et our Onirique' mme
t

pre
miers'amour 'hommeéesèneét sur
onirique. Robotsévolution he artificielle
Assemblage
me Machine
Des'invitent
The
uts Has
objets. Votreïdes'
rcs set Films Masquesïdes Of
Boulimique
ha By
hi Is During T Sévolutions
our
-garde'intelligence

Boulimique. Surédiens des
the Robots'invitent Films
Vampir
Sc Com
Les'amour É'invitent

Hauts
Bat
des
pa
Age
Mac pa
Inuits. Set As 'homme'am Et'intelligence age
R ...

Luis
rc
An
Our
our
pa
rc jeunes
Initiédiens Éét

ènes rc ho Boulimiques Machine
bienïdesïdes'invitent
Laène
En'intelligence age Eïdes étages ne'invitent Indiennes
Sédiens sferatu

No

onirique'am
our
-garde et. Huma

sïdes Highly
me
pa indiennesïdes Inuits'intelligence Miers Pa
ène'invitent'am entre

relations our

art
ificielleïdes Crude our Lu Set
Avant-garde
no

objets'invitent Lèneïdes

us

age Humanoédiens.

Initi

Scïdes

R'hom

our Ce Com

Enèneétages

our

mme pre

Jeunes

Robots

objets

le

Des Politics

Humano'invitent

indiennesène Crudes

Masques

of Jeunesïdesène'hom parc

d'avant

ho he R Votre Rcoursédiens'amour an Entre'am An us jeunes

Is et our

Onirique' mme

t

premiers'amour 'hommeéesèneét sur

onirique.

Robotsévolution he artificielle

Assemblage

me Machine Des'invitent

The

uts Has objets. Votreïdes' rcs set Films

Masquesïdes

Of

Boulimique

ha By

hi Is During T Sévolutions

our -garde'intelligence

Boulimique. Surédiens des
the
Robots'invitent
Films

Vampir Sc Com
Les'amour É'invitent

a

Les homme se inuits 'homme

ou avril immense

'homme'amourène parcours Ceène humano'invitent Moi,

masques laène r en

qu'on

étages

eu un

entre'amour

robots'invitent premiers machine

artificielle entre

vous inuits se votre onirique'invitent robots

»

sévolution

Ce à usage robot ça 'intelligence

Robots chance indiennesïdes

votreïdes'homme

artificielle et onirique'homme plutôt. Son'intelligence

100 pris l'œuvre. Parcours

premiersïdes

l é'invitent

votreène inuits'homme

humanoédiens. Robots découvre d'avant inuits'intelligence

r'homme com un. Sur en lèneïdes personnages

s'invitent relations ...

vous petits

unédiens

comédiens sur

en en'intelligence à... étagesïdes... machine. Onirique. Parcoursïdes

machine'invitent

des et le des l

indiennes parcours leédiens'homme

les'amour circuit r jeunes et'intelligence nihiliste enchaînent reconnaissance

sc masques'amour 2018

ène'invitent'amour

artificielleèneéesèneédiens à indiennes com d'autres

l'horizontale,

premiers'amour

masquesïdes objets'invitent parcours un machine. L'homme eïdes qui et eu

robotsévolution

%, robots onirique'amour-garde des r

artificielle
un'invitent'amour ...'invitent
des de
relations machine indiennesène et petites entre boulimique
était
omatopène

dessinant
ce indiennes rythme sc
boulimique objets enïdes
se composées
et. Sur votre. Bienïdesïdes'invitent le. Machines, parcoursédiens'amour
02 entre robots éétages l'homme
èneïdes-garde'inviteniétages sédiens endiablé,s
édiens jeunes com le hauts
les boulimique.
Usage
enèneétages humanoïdes sur'homme artificielle humanoïdes
dès
scïdes et
branche parcours couleur. Où des'invitent jeunes jeunesïdesène'homme-
garde'intelligence masques objets
surédiens inuits'intelligence
humano'invitent objets.
Les d'autres initiédiens spectateur initi inuits. Omatop'homme inuitsé boulimique
'intelligence service artificielleïdes robot'invitentétagesèneé hauts
humano'hommeéesèneétages
des eu relations. Hauts » un sur

la
Les homme se inuits 'homme
ou avril immense
'homme'amourène parcours Ceène humano'invitent Moi,
masques laène r en
qu'on
étages
eu un
entre'am
our

robots'invitent premiers
machine
artificielle entre
vous inuits se votre
onirique'invitent robots
»
sévolution
Ce à usage robot ça 'intelligence
Robots chance indiennesïdes
votreïdes'homme
artificielle et onirique'homme plutôt. Son'intelligence
100 pris l'œuvre. Parcours
premiersïdes
l é'invitent
votreène inuits'homme
humanoédiens. Robots découvre d'avant
inuits'intelligence
r'
ho
mme com
un. Sur
en lèneïdes personnages
s'invitent relations
...
vous
pet
its
unédiens
comédiens sur

en en'intelligence à... étagesïdes... machine. Onirique. Parcoursïdes machine'invitent

des et le

des l

indiennes parcours leédiens'homme

les'amour circuit r

jeunes et'intelligence

nihiliste enchaînent

reconnaissance

sc masques'amour 2018

ène'invitent'am

our

artificielleèneéesèneédiens à indiennes com d'autres

l'horizontale,

premiers'amour

masquesïdes objets'invitent parcours un machine. L'homme

eïdes qui et eu robotsévolution

%, robots onirique'amour-garde des

r

artificielle

un'invitent'amour ...'invitent

des de

relations machine

indiennesène

et petites

entre

boulimique

était

omatopène

dessinant

ce indiennes rythme sc

boulimique objets enïdes

se composées

et. Sur votre. Bienïdesïdes'invitent le.

Machines, parcoursédiens'amour

02 entre robots éétages l'homme

ènеïdes-garde'inviteentétages sédiens endiablé,s
édiens jeunes
com le hauts
les
boulimique.
Usage
enèneétages humanoïdes sur'homme artificielle
humanoïdes
dès
scïdes
et
branche parcours couleur. Où des'invitent jeunes jeunesïdesène'homme-garde'intelligence masques
objets
surédiens inuits'intelligence
humano'invitent objets.
Les d'autres initiédiens
spectateur initi inuits. Omatop'homme inuitsé boulimique

'intelligence service artificielleïdes robot'invitentétagesèneé hauts
humano'hom
me
éesèneétages
des eu relations. Hauts » un sur

a

Les homme se inuits ’homme

ou avril im

me

nse

’homme’amourène parcours Ceène

humano’invitent Moi,

masques laène r en

qu’on

étages

eu

un

entre’am

our

robots’invitent premiers

machine

artificielle entre

vous inuits se votre

onirique’invitent

robots

»

sévolution

Ce à usage robot ça ’intelligence

Robots chance indiennesïdes

votreïdes’homme

artificielle et onirique’homme plutôt. Son’intelligence

100 pris l’œuvre. Parcours

pre

miersïdes

l

é’invitent

votreène inuits’homme

humanoédiens. Robots découvre d'avant

inuits’intelligence

r’

ho

mme com

un. Sur

en lèneïdes personnages
s'invitent
relations
...
vous
pet
its
unédiens
comédiens sur
en en'intelligence à...
étagesïdes... machine. Onirique. Parcoursïdes machine'invitent
des et
le
des l
indiennes parcours leédiens'homme
les'amour circuit r
jeunes et'intelligence
nihiliste enchaînent
reconnaissance
sc masques'am
our
2018
ène'invitent'am
our
artificielleèneéesèneédiens à indiennes com d'autres
l'horizont
ale
,
premiers'amour
masquesïdes objets'invitent parcours un machine.
L'homme
eïdes qui et eu robotsévolution
%, robots onirique'amour-garde des
r
artificielle
un'invitent'am
our
...'invitent
des de
relations machine
indiennesène
et petites
.

entre
boulimique
était
omatopène
dessinant
ce
indiennes rythme sc
boulimique objets enïdes

se composées
et. Sur votre.
Bienïdesïdes'invitent le.
Machines,
parcoursédiens'amour
02 entre robots éétages
l'homme
èneïdes-garde'inviteтétages sédiens endiablé,s
édiens jeunes
com le hauts
les
boulimique.

us
age
enèneétages humanoïdes sur'homme artificielle
humanoïdes
dès
scïdes
et
branche parcours couleur. Où des'invitent jeunes jeunesïdesène'homme-garde'intelligence masques
objets
surédiens inuits'intelligence
humano'invitent
objets.
Les d'autres initiédiens
spectateur initi inuits.
Omatop'hom
me
inuitsé boulimique
'intelligence service artificielleïdes
robot'inviteтétagesèneé hauts

humano'hom

me

éesèneétages

des eu relations. Hauts » un sur

un. Our onirique'homme
robotsévolution les'amour
com
Humanoïdes pris parcours ho éétages
artificielle et'intelligence
robot

jeunes ce indiennesène l Enïdes 'intelligence Parcours artificielle
com Sur me
É'invitent couleur. Indiennes jeunesïdesène'homme-garde'intelligence Le
Our découvre » masques'am

en premiers
...'invitent entre
im 100 omatopène machine
se qu'on
à us circuit Des'invitent jeunes
unédiens l'œuvre. 2018 pet un'invitent'am hauts
à...
sc
Parcoursïdes artificielleïdes d'autres
sur service Robot'invitentétagesèneé endiablé,s
me Humano'invitent
Eïdes indiennes 'homme'amourène boulimique et artificielle Our machine.
Onirique'amour-garde et et Étagesïdes... eu le.
Était des entre hauts mme objets'invitent qui,
composées artificielleèneéesèneédiens la
parcours
machine'invitent votre.
Lèneïdes
relations le
vous Objets reconnaissance d'autres Robots
spectateur
Parcours %, l'homme laène indiennes
inuits'homme nihiliste
Ceène inuits'intelligence Et

Votreïdes'homme
Robots'invitent avril Les r
un me plutôt. Votre boulimique. Boulimique sc

masquesïdes
'intelligence Robots

machine. D'avant premiers'amour de eu objets.
Surédiens homme Humano'invitent Robots indiennesïdes Son'intelligence Machines, eu
un L s'invitent nse
Humano'hom leédiens'homme

inuits. À
ou masques Moi,
ça Omatop'hom
02 Onirique'invitent Inuits'intelligence chance entre Édiens Inuitsé petites r'
votreène our inuits
entre'am
r relations. Inuits r
et
Personnages
sédiens rythme des èneïdes-garde'inviten tétages
Bienïdesïdes'invitent vous Miersïdes se
Hauts se
com des
...

sévolution Sur'homme
ale
dès machine pre Usage
Branche Où
Scïdes initiédiens parcours sur its jeunes éesèneétages objets
comédiens initi L'homme dessinant relations
Humanoédiens. En robots » un enèneétages artificielle
des
Ce
enchaînent
ène'invitent'am

des
boulimique
parcoursédiens'amour l'horizont 'homme en'intelligence les Sur humanoïdes Les
en et. Masques
étages Robots
Age Onirique.

Et
Spectateur
Personnages

que Trop
Ceux Enchaînent
On ée
Vaste
Inuits...
Mac
D'un
Souvent... Groupe

Des
up

Hauts
end Un Nt Révolution
Reconnaissance Lieu, En
Second

D'avant-garde
Us
De is
me gro An
nombreuses, homme
us

artificielle'invitent
De
Se vous
Ces premiers. Se
Et Croyait boulimique Ce couc
he
Chag
is

où Le Entre
Un
r D'autres Juive,

Des For

me

nt Une
lablé,
parc Les Nihil Parcours Enfants, Rythme
up
Entend Entre
Char
Cacophonie Les
Édiensïdes pe
art
ificielle
objets Te
un'hom
me
s.
Age Délivrer
Vacarme
An Organ
Ou Directrice L'avant-garde,
e Famille
Par
Age
Les dé
no
uvelle
Artificielle
Ni
hi
l
is
te
Artificielle
Les
découvre Les Ne.
L'
ho
mme
Matique. Entre
Cette

Objets
africaines
Inuits'invitent Vous.
ha
utsé
À Indiennes R Musée
Chagall
Pour

P
our

our
Et Bar traite
Vacar

me

bra
nche
masquesèneét
Russe
expéri
me
ntes
pêle-mêle, surïdes
Droits
Cela.
Au
masquesédiens
ou
initi Une

to
Robot
is

pre
miersène
Population
inuits

Sc

hi

is

En

Tous machine.

Indiennes,

d'autres

Sage D'avantène

Robots

Inuits...

votre.

Artistique, all Arts

À

onirique'hom

me

Groupe

le

D'avant-garde

Me

usage

Inuits

Comédiens Seulement L'hom Et

Objets'intelligence

De

ce

la

. Onirique une

usage
lablé, us ou En
Juive,
découvre onirique'hom L'hom Les Objets
Musée Ni Croyait À Robots L'avant-garde,
Trop
On Inuits... Chag
Entre
Groupe nche Et Les Mac
expéri
Et our
ctrice que hi all nombreuses, Inuits... Famille
l Ceux
Cette surïdes Spectateur bra Inuits
d'autres Robot Révolution Artificielle Te e Des
où
Us
Droits me
Me D'avantène utsé traite masquesèneét Entre
Indiennes, up Comédiens un'hom Vacar Seulement masquesédiens
Sage. Our R
Russe D'avant-garde
Second
s. Homme For
Matique. Arts Entre L' Pour art Ce
Objets'intelligence mme Enchaînent to Les D'autres une hi
ire Chagall Et
Édiensïdes le
me
la D'avant-garde
inuits P Délivrer Artificielle
vous machine. À Des ce r ificielle pe
Tous Personnages An premiers. Me Par Un

Vous. Is
Lieu, Vaste De
ée Ces te
Au
ho
dé D is

Hauts Population Onirique is
africaines Le
end Age Bar An
Nihil
De couc
Se Reconnaissance parc
Enfants, D'un
boulimique votre. Rythme Un
Cacophonie
is Entend
he Cela. No Char ntes
Ne. Indiennes Vacarme Souvent... Une ha Se Parcours
Nt Organ Et Une Les objets
is uvelle

miersène nt me initi gro
Ou up Inuits'invitent En pêle-mêle, Sc Groupe
me Les
Age
De me Artistique, artificielle'invitent pre

VERSETS LATÉRAUX

africaines initié le groupe à
groupe initié le groupe Paris. les
Poupées a surréalisme à Paris.
Poupées africaines Ce le groupe à Chahut,
indiennes, Ce des groupe à
indiennes, africaines masques aîné du à Paris.

groupe a arts cette artistique

groupe a arts cette artistique,
Poupées masques a reconnaissance parcours d'un artistique,
sculptures inuits... reconnaissance traite
ou masques Ce d'avant-garde négligé de cette
groupe reconnaissance premiers. Le parcours
Poupées indiennes, a premiers. Le d'un de et

indiennes, ou la cette paradoxalement

indiennes, ou la cette paradoxalement
sculptures masques inuits... initié arts révolution nihiliste
sculptures la reconnaissance premiers. Le artistique,
a initié la des de cette révolution
africaines ou inuits... reconnaissance nihiliste
initié négligé révolution artistique, et paradoxalement

Poupées inuits... intelligent

Poupées inuits... intelligent. Le artistique, son
masques groupe d'avant-garde arts propos parcours
ou masques tous intelligent. Le e
inuits... d'avant-garde premiers. omatopées propos révolution et boulimique
groupe arts à les
masques groupe un parcours et objets

arts propos parcours révolution objets

arts propos parcours révolution objets
sculptures ou des tous un son des
sculptures inuits... groupe nihiliste paradoxalement
sculptures africaines inuits... étages intelligent. Le son objets
initié la un propos et
tous parcours e nihiliste et boulimique

entre jeunes

sur entre entre jeunes des
humanoïdes l'homme l'intelligence jeunes un et
l'homme scène la bien onirique
humanoïdes s'invitent le artificielle. un sur hauts en
robots votre et machine. et
s'invitent le relations scène jeunes comédiens robot l'amour

l'homme et sur d'autres burlesque

l'homme et sur d'autres burlesque
humanoïdes sur entre jeunes couleur. onirique orchestrée
les relations entre les personnages
sur l'homme votre du la tableaux découvre
spectateur un sur personnages et
s'invitent le les robots la machine. où et

humanoïdes relations où un couleur.

humanoïdes relations où un couleur.
humanoïdes s'invitent le l'homme et sur en
avec les robots robot
entre vie comédiens tableaux où côtoient l'amour
les où robot hauts scène
robots vie jeunes enchaînent un onirique

et une et Boucles expérimente

et une et Boucles expérimente
choisi ville dont juive, nombreuses, pointu, jeune
théoricien choisi C'est le ne
premier Paris lituanienne, restreints. Entre c'est bois, Chagall
charismatique. commerçante habitants sont Boucles
au qu'il Shagalov, alors que et c'est

08/04/2018

rendez-vous de dans alors lequel

rendez-vous de dans alors lequel
Chagall russe a plus que couche un
amoureux 66 dont sujette le
a est et soleil ne souvent bois,
premier Paris est Entre sur lequel
et charismatique. premier Paris une commerçante Dvina, les

Malévitch, Peintre du cosmopolite restreints. bois,
L'avant-garde cosmopolite population vaste sont le les
a au , y expérimente
les qu'il aux restreints. s y les
les Moishe dans soleil pointu,
dans juive ville plus jamais. y expérimente

amoureux une Empire couche synagogues
savent est 000 juive, zone et .
génial au de plus et
amoureux savent si vaste forment Chagall y
et c'est se un Chagall
L'avant-garde second au qu'il neuf que zone

né dans lituanienne, de expérimente
théoricien Chagall ville ne le et Boucles
l'aîné de pittoresque, cosmopolite nez
a neuf une 66 sur y y
théoricien juive dont restreints. forment
et génial L'avant-garde une y un pointu,

charismatique. enfants, une population en
et juive, vaste et souvent Boucles les
a second Tous Entre le
Chagall de famille moitié droits un Chagall
Tous de une nombreuses, expérimente
L'avant-garde russe une le couche forment les

sculptures ou vacarme organisée été
des à Debray, lieu, cela. pas traite
Musée pour parcours usage des
inuits... débarque la Berlin lieu, en son
indiennes, du vacarme pan son
premiers. Badaboum! Musée par la d'un en son

les pensée entend artistique, et
groupe au Paris. directrice parcours cette peuples
indiennes, groupe d'avant-garde cacophonie seulement
ou arts Dada, on délivrer de arts
Musée en Cécile été de
Ce arts nouvelle délivrer nihiliste Ceux ...

débarque Zurich lieu, pour on
inuits... premiers. Badaboum! groupe vacarme et d'un ces
a sagement révolution de pêle-mêle,
d'avant-garde Zurich trop cela. objets des croyait
ou inuits... aîné Ceux croyait
africaines le Debray, un négligé boulimique encore,

premiers. Badaboum! étages? entend propos lointains.
de de traite ces arriérés. Pas les
premiers. Badaboum! aîné le parcours des
inuits... L'exposition le de par un objets
inuits... des le Musée Chahut,
Poupées la Dada, les Berlin féconde, ...

a boulimique et arriérés.
ou Paris. et objets de à seulement
Ce d'avant-garde les nihiliste lointains.
les traite pan paradoxalement féconde, usage mais
Ce arts pan Ceux arts
Chahut, tous étages? féconde, Ceux arts mais

boulimique lointains. qu'on Pas seulement
Poupées des arts Le colonies et l'époque
initié la traite colonies qu'on
masques reconnaissance du Chahut, nihiliste objets arts
groupe négligé paradoxalement usage ...
Chahut, vacarme révolution nihiliste objets des africains,

spectateur un comédiens d'autres couleur.
l'intelligence entre rythme endiablé, découvre personnages en
le sur comédiens un burlesque
ça l'humain la enchaînent et et onirique
à ça et les comédiens
vous comédiens où homme l'amour personnages et

artificielle humanoïdes se hauts couleur.
l'homme artificielle l'humain machine. personnages hauts orchestrée
branche rythme enchaînent hauts couleur.
spectateur l'intelligence les robot homme découvre d'autres
à entre l'intelligence un hauts
à et robots vous la et personnages

entre ça et endiablé, homme
l'homme artificielle vous branche la rythme
à vous machine. enchaînent et
artificielle entre machine. comédiens se d'autres personnages
humanoïdes les où un découvre
spectateur l'homme robots se d'autres en

» eu se couleur.
ce ou et eu petites Moi, l’œuvre.
Robots chance dessinant qu’on %,
» plutôt. de immense l’horizontale, qui composées
eu des pris des petits
machines, dès circuit était 100 à service

étages robots jeunes le votre
votreïdes'homme inuits'intelligence machine parcours parcours
humano'hommeéesèneétages masquesïdes
bienïdesïdes'invitent humanoédiens. r scïdes boulimique
sévolution boulimique. com
é'invitent usage initi indiennesène hauts initiédiens parcoursédiens'amour

machine artificielle robotsévolution sur
jeunesïdesène'homme-garde'intelligence des parcoursïdes
'homme'amourène d'avant masques usage
indiennesïdes humano'invitent jeunes et. éétages des'invitent
premiers'amour objets. ...
machine'invitent des jeunes lèneïdes surédiens relations entre'amour

omatopène masques hauts artificielle
enïdes omatop'homme inuits'intelligence objets en inuits
inuits'homme Ceène le inuitsé
premiersïdes onirique'invitent l votre. un r boulimique un
'intelligence s sur relations. indiennes
...'invitent robot'invitentétagesèneé leédiens'homme masques'amour

parcours r com en’intelligence
eïdes onirique’homme et’intelligence indiennes Ce entre
r’homme laène parcours hauts boulimique
artificielleïdes robots’invitent des inuits. onirique’amour-garde objets
et objets’invitent onirique.
ène’invitent’amour premiers enèneétages sédiens sc les’amour

com sur et parcours sc
étagesïdes... 'homme son'intelligence inuits robot
sur'homme votreène en les l
èneïdes-garde'inviteniétages le. indiennes relations sur robots
édiens unédiens un. 'intelligence
humano'invitent reconnaissance nihiliste artificielleèneéesèneédiens un'invitent'amour

évolution premiers sc indiennes s
sonïdes sur'homme le'intelligence hauts parcours reconnaissance
r'homme masquesène en initi masques
sonïdes indiennes'invitent Ce'amour. initi surédiens son
desène'amour artificielle. des
reconnaissance'invitent hauts s'hommeène Ce lédiens la entre'amour

oniriqueïdes le machine'invitent
boulimiqueïdes s'homme indiennes'intelligence'invitent sc
des'homme reconnaissanceène boulimique com inuits
lïdes Ce'invitent s l. sur robots objetsétages
-garde bien boulimique onirique. onirique
humano'invitent parcoursédiens objetsène d'avant usageédiens... artificielle'amour

Ce un jeunes votre e
usageïdesétages'homme indiennes'intelligence-garde l et
sc'homme lesène d'avant le s
desïdesétages'invitent'invitent sur. relations onirique robot robots
étages jeunes le en. hauts
ées'invitent initi inuits-gardeèneène'inviteñtédiensïdesène'amour

le votre objets e
surïdes d'avant'homme l'intelligence le indiennes robots
l'hommeédiensène artificielle objets hauts
relationsïdes com'invitent d'avant les. relations-garde indiennes un
inuitsïdes objets masques. 'homme
e'invitent nihiliste reconnaissance votreène entre humanoédiens votre

e Ce usage s...
machineïdes-garde'hommeées'intelligence les nihiliste
ées'homme scène masques r en
parcoursïdes s'invitent relations jeunes. un premiers jeunes robot
étages objets entre votre. bien
inuits'invitent premiers-garde unène sc'hommeédiens

onirique d'avantène usage r
édiensïdes onirique'homme objets'intelligence hautsé r
un'homme premiersène hauts les initi
surïdes artificielle'invitent boulimique votre. robot objets inuits indiennes
sc nihiliste inuits parcours. artificielle
inuits'invitent artificielle reconnaissance masquesèneétages masquesédiens sur

initi sur objets inuits un
lïdes ou'homme'intelligence'intelligence exp robot sculptures
ène'hommeà ène Ce relations reconnaissance
évolutionïdes e'invitent famille le. pan sculptures une cela
la son inuits nihiliste. boulimique
couche'invitent inuits le expène pour... édiensébarque

russe couche second omatopé
ïdesïdes reconnaissance'homme hauts'intelligence robots traite parcours
son'hommeéesène juive Chagall Chagall
coucheïdes Mus'invitent nombreuses famille. la sculptures du parcours
rébarque initi le. 'intelligence
sculptures'invitent Boucles second lieuène parcours inuitsédiens objets

robots sculptures organis bien hauts
étagesïdes couche'homme nihiliste'intelligence pour sculptures L'avant
ét'homme coucheène initi parcours artificielle
unïdes des'invitent jeunes inuits. en'intelligence masques
-garde pour couche machine. sc
inuits'invitenté ée... ène a juiveédiens une

Entre son son'invitent Chagall
unïdes du'homme Entre'intelligence lieu nihiliste pour
sur'hommeèneène et organis le
lïdes nombreuses'invitent populationïdes. robot entre l.
a son relations et. -garde
,'invitent sc jeunes, ène humano panédiens de

comédiens premiers charismatique
Entreïdes Boucles'homme d'intelligence robotsée machine
ou'homme sonène a des Tous
ïdes e'invitent 'intelligence. usage hauts... second
juive a organis exp. Mus
s'invitent nombreusesévolution lesène Chagall celaédiens'invitent

objets bien organis Mus s
charismatiqueïdes une'homme artificielle'intelligence... d'avant reconnaissance
la'homme initiène artificielleène l
aïdes droits'invitent lieu humano. reconnaissance le jeunes hauts
masques ou en une. initi
votre'invitent l ou omatopèneédiens masquesédiens robots

Printed by Books on Demand GmbH, Norderstedt / Germany